TÖDLICHES TESTAMENT

Von Volker Borbein, Christian Baumgarten und Thomas Ewald

Illustriert von Detlef Surrey

TÖDLICHES TESTAMENT
Volker Borbein, Christian Baumgarten und Thomas Ewald
mit Illustrationen von Detlef Surrey

Lektorat: Pierre Le Borgne, Berlin
Layout und technische Umsetzung: Annika Preyhs für Buchgestaltung +
Umschlaggestaltung: Cornelsen Schulverlage Design

Weitere Titel in dieser Reihe

ISBN 978-3-589-01503-0	Tatort Krankenhaus
ISBN 978-3-589-01501-6	Jeder ist käuflich
ISBN 978-3-589-01502-3	Tödlicher Cocktail
ISBN 978-3-589-01504-7	Tod in der Oper
ISBN 978-3-589-01505-4	Der Mond war Zeuge
ISBN 978-3-589-01506-1	Liebe bis in den Tod
ISBN 978-3-589-01508-5	Die Spur führt nach Bayern
ISBN 978-3-589-01509-2	Tödlicher Irrtum
ISBN 978-3-589-01510-8	Gefährlicher Einkauf
ISBN 978-3-589-01511-5	Freude. Liebe. Angst.
ISBN 978-3-589-01514-6	Der letzte Kuss

www.cornelsen.de

Die Links zu externen Webseiten Dritter, die in diesem Lehrwerk angegeben sind, wurden vor Drucklegung sorgfältig auf ihre Aktualität geprüft. Der Verlag übernimmt keine Gewähr für die Aktualität und den Inhalt dieser Seiten oder solcher, die mit ihnen verlinkt sind.

1. Auflage, 2. Druck 2013

© 2011 Cornelsen Verlag, Berlin
© 2013 Cornelsen Schulverlage GmbH, Berlin

Das Werk und seine Teile sind urheberrechtlich geschützt. Jede Nutzung in anderen als den gesetzlich zugelassenen Fällen bedarf der vorherigen schriftlichen Einwilligung des Verlages. Hinweis zu den §§ 46, 52a UrhG: Weder das Werk noch seine Teile dürfen ohne eine solche Einwilligung eingescannt und in ein Netzwerk eingestellt oder sonst öffentlich zugänglich gemacht werden. Dies gilt auch für Intranets von Schulen und sonstigen Bildungseinrichtungen.

Druck: H. Heenemann, Berlin

ISBN 978-3-589-01516-0

 Inhalt gedruckt auf säurefreiem Papier aus nachhaltiger Forstwirtschaft.

INHALT

Vorwort	4
Tödliches Testament	7
Übungen zu *Tödliches Testament*	40
Lösungen	47

Die beigelegte Audio-CD macht diesen Krimi auch zum vergnüglichen Hörerlebnis.
Sie können diese spannende Geschichte in Ihren CD-Spieler einlegen oder über einen mp3-Player zu Hause, bei einer Auto-, Zug- oder Busfahrt anhören und genießen.

VORWORT

Wo ist Cornelia Sonnenschein? Sie wollte ihr Testament machen. Jetzt ist sie spurlos verschwunden. Ihre Familie ist in großer Sorge. Privatdetektiv Patrick Reich macht sich auf die Suche.

Die Hauptpersonen der Geschichte sind:

Cornelia Sonnenschein
Sie ist verliebt.
Sie begeht einen schweren Fehler.

Hartmut Sonnenschein
Der Bruder von Cornelia. Welches Spiel spielt er?

Susanne Sonnenschein
Ehefrau von Hartmut.
Sie liebt ihre beiden Kinder
über alles.

Thorsten Herrlich
Cornelia liebt ihn. Ist er ehrlich zu ihr?

Heike
Beste Freundin von Cornelia.

Patrick Reich
Privatdetektiv. Kommt er zu spät?

Constanze Reich
Ehefrau von Patrick.

Richard Tauber
Kriminalhauptkommissar.
Leiter der Mordkommission.
Freund von Patrick Reich.

Ort der Handlung: Berlin
Zeit der Handlung: 12. bis 21. Mai

KAPITEL | 1

Donnerstag, 12. Mai, abends

Cornelia liegt auf der Couch im Wohnzimmer. Endlich kann sie sich ausruhen. Der lange und anstrengende Arbeitstag in der Konditorei[1] ist zu Ende. Sie genießt[2] die Zeit in den Abendstunden. Ihre zehnjährige schwarz-weiße Katze Flocke hat es sich ebenfalls bequem gemacht.

„Thorsten müsste schon längst da sein", denkt Cornelia. „Wo bleibt er nur? Hat er unsere Verabredung vergessen?" Sie schaut ungeduldig auf ihre Uhr.

Seit zwei Jahren arbeitet Thorsten Herrlich in der Konditorei, die ihr und ihrem Bruder Hartmut gehört. Thorsten gefiel Cornelia sofort: 1,80 m groß, schlank, sportlich, grüne Augen, schwarze Haare. Für Cornelia war es Liebe auf den ersten Blick. Nach einigen Monaten erwiderte[3] Thorsten ihre Zuneigung. Mitarbeiter und Mitarbeiterinnen der Konditorei waren über die Beziehung überrascht. Thorsten, Mitte zwanzig, ist neun Jahre jünger als Cornelia. Gerüchte[4] wurden laut. Er soll nicht nur eine Geliebte haben.

---

1 Geschäft, in dem man Kuchen, Torten, Pralinen usw. kaufen und Kaffee trinken kann
2 Freude an etwas haben
3 positiv reagieren
4 Behauptungen, von denen man nicht weiß, ob sie wahr sind oder nicht

Es klingelt an der Wohnungstür. Cornelia springt auf. Bevor sie mit klopfendem Herzen die Tür öffnet, schaut sie in den Spiegel neben der Garderobe im Flur.

Sie dreht sich nach links und nach rechts. Ja, ihr Kleid
5 sitzt richtig. Sie kämmt ihre Haare. Ein letzter Blick in den Spiegel.

„Ich muss unbedingt ein paar Kilo abnehmen", sagt sie leise zu sich selbst. „Unbedingt. Dann gefalle ich Thorsten noch mehr. Die weibliche Konkurrenz ist groß."

10 Sie öffnet die Tür.

„Endlich bist du da, Liebling. Ich habe so auf dich gewartet. Ich dachte schon, dass du mich vergessen hast. Vergiss nicht, du gehörst mir, nur mir. Du hast doch keine andere, oder!"

15 Sie umarmt ihn leidenschaftlich⁵.

„Nicht so stürmisch, Cornelia. Wir haben den ganzen Abend Zeit."

„Und die Nacht auch! Komm, Liebster. Wir müssen uns unterhalten."

20 Cornelia nimmt Thorsten an die Hand. Gemeinsam gehen sie ins Wohnzimmer.

Flocke liegt noch auf dem selben Platz.

Auf dem Glastisch neben der Couch stehen zwei Champagnergläser.

25 „Gibt es etwas zu feiern?", fragt Thorsten erstaunt.

„Ja, Thorsten. Schau das Foto an der Wand an. Es zeigt unsere Konditorei, die vor hundert Jahren gegründet wurde."

„Was hat das mit mir zu tun?"

---

5 stürmisch, mit sehr viel Gefühl

„Das wirst du gleich erfahren. Thorsten, ich liebe dich. Ich möchte mein Leben mit dir teilen. Willst du mich heiraten?"

Schweigen.

Flocke verlässt ihren Platz und geht in die Küche.

„Thorsten, du bedeutest mir alles. Ich habe bald einen Termin bei meinem Notar[6]. Du sollst meinen Teil der Konditorei erben[7]. Du siehst, ich meine es ernst. Nichts soll uns trennen, außer dem Tod."

Thorsten Herrlich nimmt Cornelia in die Arme.

Tausend Gedanken gehen ihm durch den Kopf.

„So soll es sein", sagt er. „Lass uns auf die Zukunft trinken, was immer sie bringt."

Cornelia Sonnenschein ist glücklich.

Als sie aufwacht, ist das Bett neben ihr leer.

[6] Jurist, der beruflich bestätigt, dass Dokumente echt sind
[7] etwas von jemandem nach dessen Tod erhalten

KAPITEL | 2

Freitag, 13. Mai, 18.30 Uhr

Die letzten Gäste haben die Konditorei verlassen.
„Auf Wiedersehen, Chef, bis morgen. Auf Wiedersehen, Chefin."
Die Angestellten verabschieden sich.

Cornelia macht die Abrechnung. Sie zählt die Tageseinnahmen.
„Ich bringe das Geld zur Bank."
„Warte, Cornelia, ich muss mit dir reden." Cornelia packt die Geldbüchse in ihre Handtasche. „Hat das nicht Zeit bis morgen, Hartmut? Ich möchte nach Hause. Thorsten kommt zu mir."

„Genau darum geht es. Es geht um Thorsten. Susanne und ich machen uns Sorgen um dich. Du weißt, dass Thorsten unzuverlässig ist. Oft kommt er zu spät zur Arbeit. Aber was noch wichtiger ist, du bist nicht die einzige Frau in seinem Leben."

Cornelia sieht Hartmut an.

„Nie gönnst[8] du mir etwas. Ich lasse mir von dir mein Glück nicht kaputt machen. Jeden Tag bin ich von morgens bis abends in der Konditorei. Ich kümmere mich um den Einkauf und teile das Personal ein. Ich überwache die Backstube[9] und rede mit der Kundschaft. Auch ich habe ein Recht auf Glück. Ich werde Thorsten heiraten. Das wirst du mir nicht verbieten. Hör auf, schlecht über Thorsten zu reden. Er ist der beste Konditor in der Firma. Das weißt du ganz genau. Für die Konditorei ist er ein großer Gewinn und für mich auch. Wir lieben uns und du musst damit leben, dass Thorsten bald im Geschäft mitbestimmt. Ich weiß, dass du und deine Frau Susanne damit nicht einverstanden seid. Ihr wollt alles für euch und eure Kinder haben."

Susanne hat während der ganzen Zeit von beiden unbemerkt neben der Tür gestanden und das Gespräch mit angehört. Sie gibt sich einen Ruck[10] und geht in das Zimmer. Leise aber energisch sagt sie zu Cornelia:

„Hartmut hat recht. Thorsten ist nicht der richtige Mann für dich. Glaub uns das doch."

Cornelia antwortet nicht. Sie nimmt die Handtasche mit der Geldbüchse und geht zur Tür. Sie dreht sich um und sagt

---

8 Du willst nicht, dass ich Schönes erlebe.
9 Raum, in dem ein Bäcker arbeitet
10 *hier:* sich entschließen, etwas zu tun

Susanne ins Gesicht: „Das Gespräch mit meinem Bruder geht dich gar nichts an. Misch[11] dich nicht ein. Im Übrigen habe ich am 19. Mai einen Termin bei einem Notar. Ich setze Thorsten als meinen Alleinerben ein. Tschüss."

5 Wie versteinert schaut Susanne ihren Mann an. „Das ist eine Katastrophe. Das kann nicht sein. Das kann sie nicht tun", sagt sie zu ihrem Mann.

Hartmut schaltet das Licht aus. „Susanne, komm. Lass uns hoch in die Wohnung gehen."

10 Seine Frau findet in dieser Nacht keinen Schlaf. Früh steht sie auf und geht hinunter in die Konditorei.

11 Halte dich aus dieser Sache heraus!

KAPITEL | 3

Montag, 16. Mai, morgens

Hartmut Sonnenschein läuft aufgeregt im Zimmer hin und her.

„Jetzt setz dich endlich hin, du machst mich noch ganz nervös", sagt Susanne zu ihrem Mann.

„Da soll man sich nicht aufregen!" Hartmut fasst sich an den Kopf. „Meine Schwester kommt nicht zur Arbeit und ans Telefon geht sie auch nicht."

„Vielleicht hat sie sich nicht wohl gefühlt und ist zum Arzt gegangen. Hast du schon in ihrer Wohnung nachgesehen?"

„Ja. Ich habe kurz reingeschaut. Da war sie nicht."

Susanne steht von der Couch auf und legt ihrem Mann beruhigend die Hand auf die Schulter[12]. Hartmut atmet tief durch und setzt sich in einen großen Sessel.

„Hast ja recht. Kann alles sein. Aber du kennst doch meine Schwester. Sie ist die Zuverlässigkeit in Person. Warum hat sie nicht angerufen? Ich habe Angst um Cornelia. Es muss etwas passiert sein."

Hartmut hält es in dem Sessel nicht aus. Er geht zum Telefon.

„Wen rufst du an?", fragt Susanne. „Unseren Hausarzt?"

Sie sitzt wieder auf der Couch und hat die Zeitung in der Hand.

„Nein. Ich versuche es noch ein letztes Mal bei Cornelia."

Nach einer Weile gibt er auf.

„Nichts. Niemand hebt ab."

Er legt den Hörer auf und beginnt erneut, hin und her zu gehen. „Es ist schon 9 Uhr. Seit zwei Stunden ist die Backstube auf. Ich muss gleich wieder hinunter."

Plötzlich bleibt er stehen.

„Jetzt rede ich erst einmal ein ernstes Wort mit ihrem Liebhaber, diesem Thorsten Herrlich."

„Das kannst du dir sparen[13]. Der hat sich heute noch nicht sehen lassen."

„Und das sagst du erst jetzt!"

---

12 oberer Teil des Körpers neben dem Hals, mit dem der Arm verbunden ist
13 Das hat keinen Sinn.

Susanne macht es sich wieder auf der Couch bequem. Die Zeitung hat sie auf den Boden gelegt.

„Jetzt verstehe ich einiges", sagt Hartmut. „Cornelia will uns klarmachen, wer in der Konditorei das Sagen hat, wer die Entscheidungen trifft. Schließlich gehören ihr zwei Drittel des Geschäfts und des Wohnhauses. Ich bin aber trotzdem überrascht, dass sie nicht ins Geschäft kommt. Das ist ungewöhnlich und passt überhaupt nicht zu ihr. Ich frage mich, welche Rolle Thorsten dabei spielt. Susanne, beten wir, dass alles gut geht."

Hartmut Sonnenschein klingt enttäuscht, tief enttäuscht und verletzt.

„Alles wird gut, Hartmut. Sie werden schon wieder auftauchen[14], warte nur ab."

Susanne steht auf und geht zur Tür.

„Ich gehe jetzt in den Laden."

Sie kommt wieder ein Stück ins Zimmer zurück und küsst ihren Mann auf die Wange[15].

„Dass du so ruhig sein kannst!" Hartmut schüttelt den Kopf.

„Was soll ich denn machen?", antwortet Susanne und verlässt das Zimmer.

---

14 plötzlich und überraschend wieder da sein
15 Backe, Teil des Gesichts zwischen Nase und Ohr

KAPITEL | 4

Mittwoch, 18. Mai, vormittags

Cornelia ist noch nicht wieder aufgetaucht. Sie fehlt überall in der Konditorei. Jetzt merken alle, wie wichtig Cornelia für das Geschäft ist. Sie ist der ‚gute Geist', die ‚Seele' der
5 Konditorei Sonnenschein.

Kunden fragen nach ihr. Hartmut fühlt sich nicht wohl. Was soll er sagen? Er gibt immer wieder dieselbe Antwort: „Meine Schwester liegt mit einer Grippe im Bett. Wir alle hoffen, dass sie nächste Woche wieder auf den Beinen ist. Ja,
10 ich richte gerne Ihre Grüße aus."
Thorsten Herrlich ist nach zweitägiger Abwesenheit wieder an seinem Arbeitsplatz erschienen. Kolleginnen und Kollegen sehen ihn fragend an. Er weicht[16] ihren Blicken und Fragen aus. Thorsten wirkt blass und unkonzentriert.

16 hier: keinen Kontakt haben wollen

Hartmut Sonnenschein ruft Patrick Reich an. Geschäftsfreunde haben ihm den Privatdetektiv empfohlen. Eine Stunde später erscheint er in der Konditorei.

„Schön, dass Sie so schnell gekommen sind, Herr Reich. Meine Schwester ist seit Sonntag wie vom Erdboden verschwunden. Wir alle machen uns große Sorgen. Bitte finden Sie meine Schwester."

„Ich tue, was ich kann. Ich war übrigens schon mehrere Male mit meiner Frau Constanze in Ihrer Konditorei. Ihre Torten sind erste Klasse. Es gibt in keiner Konditorei in Berlin eine so große Tortenauswahl wie bei Ihnen. Über zwanzig Sorten! Aber was rede ich. Bitte zeigen Sie mir den Arbeitsplatz Ihrer Schwester. Vielleicht hat sie eine Nachricht hinterlassen und ihr Verschwinden hat einen ganz harmlosen[17] Grund."

„Das würde mich wundern. Meine Schwester ist die Zuverlässigkeit in Person. Es muss etwas Furchtbares passiert sein."

„Es ist wichtig, jetzt die Ruhe zu bewahren. Kennen Sie das Passwort ihres Computers?"

„Versuchen Sie es mit dem Passwort ‚Thorsten'. Thorsten Herrlich ist ihr Geliebter."

Volltreffer[18]!

Das Passwort stimmt.

Patrick Reich liest die eingegangenen Mails.

„Na also. Sie brauchen sich keine Sorgen zu machen, Herr Sonnenschein. Sehen Sie hier. Die Mail ist am Montag

---

17 nicht ernst, einfach
18 ganz genau, hundertprozentig richtig

eingegangen. Ihre Schwester soll Reiseunterlagen im Reisebüro abholen."

„Reiseunterlagen?", fragt Hartmut Sonnenschein erstaunt. „Meine Schwester wollte verreisen?"

5 „Ja. Nach Mallorca[19]. Die Buchung wurde am Samstagmittag abgeschickt. Abreisetag war der Montagvormittag. Ihre Schwester sonnt sich im Süden!"

Hartmut Sonnenschein ist erleichtert. Er atmet auf.

Patrick liest weiter.

10 „Merkwürdig[20]."

„Was ist merkwürdig, Herr Reich?"

„Im Terminkalender ist für den heutigen Abend ein Treffen mit einer Heike notiert. Heute Abend um 20 Uhr in einem spanischen Restaurant. Wer ist Heike?"

15 „Das ist die beste Freundin von Cornelia."

„Gut. Ich werde zu dem Treffen gehen. Vielleicht erfahren wir dann mehr. Bitte zeigen Sie mir die Wohnung von Cornelia."

„Natürlich", antwortet Herr Sonnenschein. „Beschäftigen 20 Sie sich vor allem mit dem Geliebten meiner Schwester. Ihm traue[21] ich alles zu."

Patrick hört aufmerksam zu, was der Mitinhaber der Konditorei über Thorsten Herrlich erzählt.

Privatdetektiv Patrick Reich ist nicht mehr optimistisch.
25 Die Lage ist ernster, als er dachte.

---

19 spanische Insel im Mittelmeer; beliebtes Ferienziel von Deutschen; *www.mallorca.com*
20 eigenartig, komisch
21 *hier:* glauben, dass jemand fähig ist, Böses zu tun

KAPITEL | 5

Mittwoch, 18. Mai, 12 Uhr

Die Wohnung von Cornelia liegt im Erdgeschoss direkt neben der Konditorei.
    Hartmut Sonnenschein hat dem Privatdetektiv den Schlüssel zu Cornelias Wohnung gegeben.
    Patrick Reich betritt die geräumige Dreizimmerwohnung. Der Duft[22] eines starken Parfums empfängt ihn. Im Flur bleibt er stehen. Auf dem Spiegel neben der Garderobe klebt ein Foto, das Thorsten Herrlich zeigt. Im Badezimmer steht das Katzenklo. Es wurde mehrere Tage nicht sauber gemacht. Auf dem Weg in die Küche kommt ihm die Katze entgegen. Sie miaut[23] laut. Aus gutem Grund. Der Fressnapf[24] ist leer,

---

22 etwas, das man mit der Nase wahrnehmen kann
23 schreien (für eine Katze)
24 Behälter, aus dem ein Haustier sein Futter frisst

und das vermutlich seit mehreren Tagen. Patrick gibt der Katze Futter[25], das er in der Speisekammer findet. Und er gibt ihr Wasser. Dankbar streicht Flocke um Patricks Beine.

Patrick öffnet den Kühlschrank. Er ist voll mit Lebensmitteln.

Das große Bett im Schlafzimmer ist unordentlich. Ein Pyjama liegt auf dem Boden.

„Das sieht gar nicht gut aus", denkt Patrick. „Alles deutet darauf hin, dass Cornelia Sonnenschein von einer Sekunde auf die andere ihre Wohnung verlassen hat. Bestimmt nicht freiwillig. Eine Reise kommt mit Sicherheit nicht in Frage. Welcher Tierfreund lässt seine Katze unversorgt[26] zurück?"

Überall in der Wohnung befinden sich Fotos in Übergröße von Thorsten Herrlich.

Patrick Reich betritt das kleine Arbeitszimmer. Welche Überraschung wird ihn dort erwarten?

Die Schublade des kleinen Schreibtischs ist nicht verschlossen. Neugierig holt Patrick Unterlagen heraus und breitet sie vor sich aus.

Er blättert sie durch. Darunter sind mehrere Überweisungen mit hohen Geldbeträgen von Cornelia Sonnenschein an Thorsten Herrlich!

Privatdetektiv Reich ist mit den Ergebnissen der Wohnungsuntersuchung zufrieden.

Er weiß jetzt mehr und wartet mit Spannung auf das Treffen am Abend mit Cornelias bester Freundin Heike.

Cornelia bleibt weiter wie vom Erdboden verschwunden.

---

25 Nahrung für Tiere
26 ohne Essen und Trinken

KAPITEL | 6

Mittwoch, 18. Mai, 20 Uhr

In dem spanischen Restaurant ‚Don Quijote'²⁷ sind alle Tische belegt. Patrick sieht eine junge Frau allein an einem Tisch sitzen. Er geht zu ihr.

„Entschuldigen Sie, sind Sie Heike?"

„Ja", antwortet die junge Frau erstaunt. „Aber was geht Sie das an?"

„Mein Name ist Patrick Reich. Ich bin Privatdetektiv und arbeite im Auftrag von Hartmut Sonnenschein. Seine

---

27 Held des gleichnamigen Romans von Miguel de Cervantes y Saavedra (1547 – 1616)

Schwester ist seit Sonntag verschwunden. Vielleicht können Sie mir weiterhelfen?"

„Bitte nehmen Sie Platz. Woher wissen Sie, dass ich hier bin?"

5 „Aus dem Terminkalender von Cornelia."

Der Kellner kommt. „Sie haben eine Paella[28] für zwei Personen bestellt? Soll ich sie jetzt servieren?"

„Augenblick bitte. Essen Sie mit mir, Herr Reich?"

„Gerne."

10 „Gut, bitte bringen Sie einen halben Liter spanischen Rotwein, trocken, und die Paella." Patrick sieht Heike an.

„Cornelia hat eine Reise nach Mallorca gebucht. Gleichzeitig ist sie mit Ihnen heute Abend verabredet. Ich finde das sehr merkwürdig."

15 „Ich auch, Herr Reich. Sie ist bestimmt nicht weggefahren. Wenn sie verreist, bringt sie immer ihre Katze zu mir. Außerdem wollte sie dringend mit mir sprechen."

„Worüber?", fragt Patrick.

„Sie hat Probleme mit ihrem zukünftigen Mann und mit
20 ihrer Familie."

„Probleme mit ihrem zukünftigen Mann?"

„Thorsten Herrlich ist ein Frauenheld[29]. Ich glaube nicht, dass er Cornelia wirklich liebt. Er hat es auf ihr Geld abgesehen[30], und er will in den Besitz der Konditorei und des
25 dazu gehörenden Wohnhauses und Grundstückes kommen. Dafür ist ihm jedes Mittel recht. Cornelia liebt ihn. Sie glaubt, dass er sich ändern wird. Sie will ihn als ihren Erben

---

28 spanisches Nationalgericht
29 Mann, der viele Liebschaften und viel Erfolg bei Frauen hat
30 etwas für sich haben wollen

einsetzen und ihn heiraten. Sie tut alles, um ihn für sich zu gewinnen. Das kann nicht gut gehen. Liebe macht blind."

Sie trinkt einen Schluck Wein und schüttelt den Kopf.

„Ich habe eine Trennung hinter mir. Ich bin froh, dass mein geschiedener Mann und ich einen Ehevertrag hatten. Genau das wollte ich heute Cornelia zu ihrer Sicherheit vorschlagen."

Der Kellner bringt die Paella.

Zwei Stunden später verlassen Patrick und Heike das Restaurant. Der Privatdetektiv hat wichtige Informationen über die Familie Sonnenschein erhalten.

KAPITEL | 7

Mittwoch, 18. Mai, 22.30 Uhr

Patrick kommt nach Hause. Er betritt das Wohnzimmer.
„Na, hast du etwas heraus bekommen?" Constanze sieht Patrick neugierig an und legt ihr Buch beiseite.
5 „Ich weiß es noch nicht." Er küsst sie auf die Stirn und setzt sich neben sie auf die Couch.
„Was liest du denn da? Hoffentlich einen Krimi, wie es sich für die Frau eines Detektivs gehört!"
„Natürlich. Vielleicht hilft dir die Lektüre bei deinem
10 Fall weiter."
„Verstehe ich nicht. Erkläre das bitte."
„In der Geschichte geht es um eine ‚Liebe bis in den Tod'. Und es geht um die Änderung eines Testaments. Eine Frau muss deshalb sterben. Mehr verrate ich nicht."
15 „Das ist ja interessant", antwortet Patrick. „Soweit kommt es hoffentlich nicht. Cornelia ist verschwunden. Sie

ist nicht tot. Aber um deine Frage zu beantworten: Das Gespräch mit Heike hat nicht sehr viel gebracht. Nur soviel: Heike kann nicht glauben, dass ihre Freundin weggefahren ist, ohne sie zu informieren. Nein, niemals. Heike macht sich deshalb sehr große Sorgen."

„Glaubt Heike, dass Thorsten Herrlich etwas mit ihrem Verschwinden zu tun haben kann?"

„Sie ist sich nicht sicher. Sie will lieber nicht spekulieren. Sie hat Angst davor."

„Welchen Zweck hatte das Treffen zwischen Heike und Cornelia?"

„Heike wollte ihrer Freundin raten, einen Ehevertrag zu schließen."

„Und, lieber Patrick, wie wirst du weiter vorgehen?"

„Ich werde morgen als erstes Thorsten Herrlich unter die Lupe[31] nehmen."

„Sag mal, Patrick, was hältst du denn von dem Ehepaar Sonnenschein? Hat der Bruder von Cornelia nichts dagegen, dass Thorsten Herrlich sein Geschäftspartner wird? Ist er völlig unverdächtig?"

„Ich bitte dich, Constanze, Hartmut Sonnenschein ist mein Auftraggeber."

„Eben[32]."

Constanze ist aufgestanden.

„Komm, Superdetektiv. Es ist spät geworden. Lass uns schlafen gehen. Morgen ist auch noch ein Tag."

„Ja, sicher."

Patrick steht auf. Er ist nachdenklich geworden.

„Was hast du da über Cornelias Bruder gesagt?"

---

31 genau ansehen, beobachten
32 genau

KAPITEL | 8

Donnerstag, 19. Mai, 10 Uhr

Patrick Reich und Thorsten Herrlich sitzen im Büro von Hartmut Sonnenschein.

„Was wollen Sie von mir? Ich weiß nicht, wo Cornelia Sonnenschein ist. Ich habe mit ihrem Verschwinden nichts zu tun. Fragen Sie lieber Cornelias Bruder. Lassen Sie mich in Ruhe."

„Herr Herrlich, warum sind Sie so aufgeregt? Ich habe doch noch gar nichts gesagt", sagt Patrick Reich ruhig, „oder haben Sie einen Grund, so aggressiv zu reagieren?"

„Überhaupt nicht. Also fragen Sie. Ich habe nicht viel Zeit. Die Arbeit in der Konditorei erledigt sich nicht von selbst."

„Stimmt es, dass Cornelia Ihre Geliebte ist? Ist es richtig, dass Sie von ihr in den letzten Monaten Geldüberweisungen und eine große Summe Bargeld erhalten haben?"

Thorsten Herrlich wird rot.

5 „Stimmt es außerdem, dass Cornelia Sonnenschein zu Ihren Gunsten[33] ein Testament machen wollte?"

„Na und? Was wollen Sie damit sagen?"

„Die Interpretation überlasse ich Ihnen, Herr Herrlich. Finden Sie es nicht merkwürdig, dass Sie am 16. und 17. Mai nicht zur Arbeit erschienen sind? Wo waren Sie? Ist eine andere Frau im Spiel? Wie ich gehört habe, ist Cornelia Sonnenschein nicht die einzige Frau in Ihrem Leben."

Thorsten Herrlich kommt ins Schwitzen. Er wischt sich mit einem Taschentuch Schweiß[34] von der Stirn.

15 Er schweigt.

„Ich warte auf Ihre Antwort."

„Das kann und will ich Ihnen nicht sagen."

„Wie Sie wollen. Machen Sie sich darauf gefasst, dass die Polizei Ihnen dieselben und andere unangenehmere Fragen
20 stellen wird. Ich kann Sie nicht zwingen, die Wahrheit zu sagen."

Patrick Reich steht auf und verlässt die Konditorei.

In seinem Büro führt er mehrere Telefongespräche.

Er erfährt, dass Hartmut Sonnenschein in finanziellen
25 Schwierigkeiten steckt. Patrick ist nicht wirklich überrascht.

Er fragt sich, ob er die falsche Person verdächtigt.

---

33 Vorteil
34 salzige Flüssigkeit, die aus der Haut kommt, wenn man schwitzt

KAPITEL | 9

Donnerstag, 19. Mai, 12.30 Uhr

„Was ist hinter dieser Tür?", möchte Patrick Reich von Hartmut Sonnenschein wissen.

„Räume, in denen wir früher Waren gelagert haben[35],"
5 antwortet Herr Sonnenschein. „Die Räume stehen schon lange leer."

„Darf ich trotzdem einen Blick hineinwerfen?"

„Selbstverständlich. Ich habe nichts zu verbergen[36]."

Hartmut Sonnenschein schließt die Tür auf. Treppen
10 führen in einen Keller.

Patrick Reich bleibt stehen. Er nimmt den schwachen Duft eines Parfums wahr. Schon einmal hat ein Parfum ihn auf die richtige Spur gebracht. Damals gab es ein glückliches

---

35 abstellen
36 Gegenteil: offen zeigen

Ende[37]. Der Privatdetektiv ist optimistisch, Cornelia Sonnenschein gesund wieder zu sehen.

Der Geruch[38] wird stärker. Die beiden Männer gehen in einen dunklen Raum. Der Bruder von Cornelia macht Licht. Auf dem Boden liegt eine Halskette.

„Um Himmels Willen"[39], ruft Hartmut entsetzt. „Das ist die Halskette meiner Schwester. Wie kommt die hierher? Was hat das zu bedeuten?"

Patrick Reich ahnt[40] Schlimmes.

„Herr Sonnenschein, bitte fassen Sie nichts an. Ich rufe die Polizei."

Fünfzehn Minuten später ist Kriminalhauptkommissar Richard Tauber mit seinen Kollegen vor Ort.

Sie machen eine furchtbare Entdeckung: In einer Tiefkühltruhe[41] finden sie Cornelia Sonnenschein.

Sie ist tot.

Nachdem Fotos gemacht worden sind, legen Polizisten die Leiche[42] auf einen Tisch.

Richard Tauber leert die Hosentasche der Toten. Nichts Interessantes: ein Taschentuch, Kleingeld, sieben Euro insgesamt, und ein Schlüsselbund mit Anhänger.

---

37 siehe: „Tödlicher Irrtum"
38 etwas, das man mit der Nase wahrnimmt
39 Ausruf des Schreckens
40 das Gefühl haben, dass ein Unglück geschehen ist
41 Gerät, in dem Lebensmittel bei einer Temperatur von −18°C gelagert werden
42 Körper eines toten Menschen

Richard Tauber betrachtet die Leiche genauer. Der rechte Hemdsärmel[43] ist nach oben geschoben.

„Siehst du das?", fragt Tauber seinen Freund Patrick.

„Was?"

„Hier. Die Einstiche[44] im rechten Arm."

Richard Tauber sieht nicht zum ersten Mal solche Einstiche.

Cornelia Sonnenschein, eine Frau, die Drogen nimmt? Eine Rauschgiftsüchtige? Hat sie ihrem Leben mit einer Überdosis ein Ende gesetzt? Instinktiv verneint Tauber diesen Gedanken. Das passt nicht zu der verliebten Frau, von der Patrick gesprochen hat.

Tauber blickt um sich. Irgendetwas stimmt hier nicht.

„Weißt du, ob Frau Sonnenschein Linkshänderin[45] war?", fragt Tauber seinen Freund.

Patrick zuckt mit den Schultern. Er fragt Hartmut Sonnenschein. Er steht wie ein Häufchen Elend[46] da und weint still vor sich hin.

„Nein", antwortet er kaum hörbar. „Cornelia ist...", sein Weinen wird lauter, „Cornelia war Rechtshänderin."

Nachdenklich blickt der Kriminalhauptkommissar Patrick an.

„Was meinst du, Patrick? Kann ein Rechtshänder sich in den rechten Arm spritzen?"

---

43 Teil eines Kleidungsstück, der den Arm bedeckt
44 kleines Loch, das die Nadel beim Spritzen in der Haut hinterlässt
45 Person, die mit der linken Hand geschickter ist als mit der rechten
46 sehr traurig aussehen

„Auf keinen Fall. Das ist nicht möglich, Richard. Fällt dir nichts auf? Womit soll sich Cornelia gespritzt haben? Siehst du hier irgendwo eine Spritze?"

Die Polizisten durchsuchen den Keller. Eine Spritze finden sie nicht.

„Für mich ist der Fall klar", sagt Richard Tauber. „Frau Sonnenschein wurde getötet. Patrick, du hast dich mit dem Verschwinden von Frau Sonnenschein beschäftigt. Mit welchen Personen war sie in den letzten Tagen zusammen? Fahren wir in mein Büro und reden dort weiter."

Patrick nickt.

Er steckt sich eine Zigarette in den Mund, ohne sie anzuzünden.

Seine Frau Constanze hat ihm das Rauchen verboten.

Vor dem Haus steht ein schwarzes Auto. Der Sarg mit der Leiche wird hineingeschoben und zur Autopsie⁴⁷ in das Institut für Rechtsmedizin gebracht.

47 Untersuchung einer Leiche, um die Todesursache festzustellen

KAPITEL | 10

Samstag, 21. Mai, 10.40 Uhr

Richard Tauber sitzt in seinem Büro und macht sich Notizen.
Thorsten Herrlich betritt das Büro. Er trägt Jeans und eine Lederjacke.
„Guten Morgen. Bitte nehmen Sie Platz. Ich möchte Ihnen Fragen stellen, die im Zusammenhang mit Cornelia Sonnenschein stehen.
Wie ist Ihr Verhältnis zu Frau Sonnenschein?"
„Was heißt hier Verhältnis? Sie ist meine Chefin", antwortet Thorsten Herrlich gereizt[48].
„Halten Sie mich für dumm?", fragt Richard Tauber gereizt zurück.

---
48 ärgerlich, nervös und aggressiv

„Ich habe gehört, dass Sie Frau Sonnenschein heiraten wollen."

„Ja. Wir haben uns ineinander verliebt. Die Hochzeit ist für den Monat August geplant. Es soll eine große Hochzeit werden. Ich freue mich schon darauf."

„Sie haben von Frau Sonnenschein in den vergangenen Wochen mehrere Geldüberweisungen erhalten und vor zwei Wochen eine große Summe Bargeld. Aus welchem Grund?"

Thorsten rückt auf dem Stuhl hin und her.

„Äußern Sie sich dazu."

„Dazu sage ich jetzt nichts."

„Frau Sonnenschein ist seit dem letzten Wochenende verschwunden."

„Und? Was hat das mit mir zu tun?"

„Sie haben am 16. und 17. Mai unentschuldigt in der Konditorei gefehlt. Ich frage Sie, Herr Herrlich: Wo waren Sie an diesen Tagen? Überlegen Sie genau. Es geht um Ihr Alibi."

„Mein Alibi? Ich verstehe nicht. Wozu brauche ich ein Alibi?"

Thorsten Herrlich schwitzt. Er öffnet die Lederjacke. Sein Hemd ist nass.

Richard Tauber sieht Thorsten Herrlich ungläubig[49] an.

„Cornelia Sonnenschein wurde am Donnerstag im Keller der Konditorei tot aufgefunden."

„Wie? Wo? Was?", stammelt Thorsten Herrlich.

„Wer wurde tot aufgefunden? Cornelia? Nie und nimmer!"

Thorsten Herrlich zittert am ganzen Körper. Er hält beide Hände vor sein Gesicht.

---

49 mit großem Zweifel

„Cornelia ist tot?", wiederholt er mehrere Male. „Nein, das glaube ich nicht."

„Hat Sie denn niemand informiert?"

„Am Donnerstag und am Freitag war ich nicht in Berlin. Ich bin erst in der Nacht von Freitag auf Samstag zurückgekommen. Und heute ist mein freier Tag."

„Herr Herrlich, wir setzen nachher das Gespräch fort", sagt Kriminalhauptkommissar Richard Tauber. „Und dann möchte ich genau wissen, wo Sie an den fraglichen Tagen waren."

Ein Polizeibeamter bringt Thorsten Herrlich in ein Nebenzimmer.

KAPITEL | 11

Samstag, 21. Mai, 11 Uhr

Im Büro von Richard Tauber sitzen Hartmut und Susanne Sonnenschein sowie Patrick Reich.
    Richard Tauber ergreift das Wort.
    „Herr Sonnenschein, wie war Ihr Verhältnis zu Ihrer Schwester?"
    „Sehr gut. Wir haben hervorragend zusammengearbeitet."
    „Wirklich?"
    „Na ja. Gelegentlich gab es Differenzen. Aber das ist doch in so einem Betrieb normal. Und Geschwister sind nicht immer einer Meinung."
    „Können Sie mir ein Beispiel geben?", möchte der Kommissar wissen.

„Meine Schwester hatte ihren eigenen Kopf, was die Mitarbeiter betraf. Ich habe nie verstanden, warum sie Thorsten Herrlich ein so großes Vertrauen entgegenbrachte."

„Und wie ist es mit Ihnen, Frau Sonnenschein? Ich möchte Sie ganz direkt fragen: Mochten Sie Ihre Schwägerin[50]?"

„Ich ..." Susanne macht eine kleine Pause. „Ich ..." Sie wird durch ein Klopfen an der Tür unterbrochen.

Ein Mitarbeiter überreicht Richard Tauber den Autopsiebericht. Tauber überfliegt den Text und zeigt ihn dann Patrick Reich.

Beide trauen[51] ihren Augen nicht. Sie sehen das Ehepaar Sonnenschein an.

Schweigen.

Susanne wird unruhig. Sie rückt auf ihrem Stuhl hin und her. Ihre Augen flattern[52]. Schweiß bildet sich auf ihrer Stirn. Sie will etwas sagen. Es gelingt ihr nicht. Sie öffnet mit zitternden Händen ihre Handtasche, holt ein Stück Würfelzucker heraus und lässt den Zucker im Mund zergehen.

Hartmut nimmt Susanne in seine Arme. Er drückt sie fest an sich.

Tauber und Reich tauschen bedeutungsvolle Blicke aus.
Sie wissen jetzt, wer Cornelia Sonnenschein getötet hat.

---

50 Schwester des Ehepartners
51 kaum glauben können, was man sieht
52 sich schnell und unruhig bewegen

Tauber sagt leise: „Ihre Schwägerin starb an einer Überdosis Insulin[53]. Frau Sonnenschein, ich habe Grund zu der Annahme, dass ..."

„Ja, ja", bricht es aus Susanne heraus. „Ich habe Cornelia getötet. Hartmut, ich habe es für uns getan, für die Kinder, für unsere Familie. Deine Schwester wollte ein Testament machen. Da musste ich doch was unternehmen! Sie wollte unsere Konditorei einem Fremden vermachen. Sie wollte ihren jungen Liebhaber schon jetzt an unserem Geschäft beteiligen. Sie hat ihm Geld gegeben, viel Geld, das wir für eine Renovierung und Vergrößerung der Konditorei eingeplant hatten. Nichts wäre uns geblieben. Das Geschäft ist unser Leben, unsere Zukunft. Unsere Kinder ..."

Susanne fällt in sich zusammen. Sie ist am Ende ihrer Kräfte.

Patrick gibt ihr ein Glas Wasser. Richard Tauber lässt ihr Zeit. Er weiß aus Erfahrung: Bald wird er die ganze Wahrheit erfahren.

„Frau Sonnenschein, reden Sie. Erleichtern Sie Ihr Gewissen[54]. Das tut Ihnen gut."

---

53 Medikament, mit dem Zuckerkranke ihren Diabetes behandeln
54 innere Stimme, die einem sagt, ob man richtig oder falsch handelt

KAPITEL | 12

Samstag, 21. Mai, 11.15 Uhr

Richard Tauber hat sich geirrt. Frau Sonnenschein schweigt. Sie vermeidet es, die anwesenden Personen anzusehen. Sie blickt auf den Boden.

„Wenn Sie nicht reden wollen, Frau Sonnenschein", sagt Richard Tauber, „tue ich das für Sie. Wenn ich etwas Falsches sage, unterbrechen Sie mich. Es ist Ihnen gelungen, Cornelia Sonnenschein am vergangenen Samstag oder Sonntag in einen abgelegenen Raum im Keller der Konditorei zu locken[55]. Wie Sie das gemacht haben, das kann ich mir noch nicht erklären. Sie haben versucht, mit Cornelia zu reden. Ohne Erfolg. Cornelia hat Sie ausgelacht[56], einfach ausgelacht. Dann haben Sie mit Ihrer Insulinspritze, die Sie wegen Ihres Diabetes[57] immer bei sich haben, mehrere Male in Cornelias rechten Arm gestochen. Sie haben dabei zugesehen, wie sie unter Schmerzen gestorben ist. Sie haben die

---

[55] jemanden veranlassen, an einen bestimmten Platz zu kommen
[56] sich über jemanden lustig machen
[57] Zuckerkrankheit

Tote in eine Tiefkühltruhe gelegt. Damit nicht genug. Bei einem Reisebüro haben Sie für Cornelia eine Reise nach Mallorca gebucht. Es sollte so aussehen, als ob Ihre Schwägerin verreisen wollte."

Richard Tauber hört auf zu sprechen. Patrick Reich ist fassungslos. Hartmut Sonnenschein ist wie in einer anderen Welt.

Richard Tauber hält den Autopsiebericht hoch.

„Frau Sonnenschein, wissen Sie, was noch in dem Bericht steht?

Nein, natürlich nicht, das können Sie auch nicht wissen. Oder doch? Sehen Sie mich an. Sehen Sie mir in die Augen und hören Sie genau zu."

Die Stimme von Richard Tauber klingt traurig, unendlich traurig.

„Ihre Schwägerin war im dritten Monat schwanger. Frau Susanne Sonnenschein, stehen Sie bitte auf. Ich nehme Sie vorläufig fest. Sie werden verdächtigt, Ihre Schwägerin, Frau Cornelia Sonnenschein, getötet zu haben. Sie haben das Recht, Ihre Aussage zu verweigern[58] und einen Rechtsanwalt Ihres Vertrauens zu konsultieren[59]."

Hartmut Sonnenschein hat sich mit Thorsten Herrlich ausgesprochen. Hartmut hat sich für seine Verdächtigungen entschuldigt. Ihr Verhältnis hat sich normalisiert.

Flocke hat ein neues Zuhause. Heike hat sie zu sich genommen.

---

[58] ablehnen
[59] um Rat fragen

ÜBUNGEN ZU TÖDLICHES TESTAMENT

Kapitel 1

Ü1   Beantworten Sie die Fragen.
1. Seit welchem Alter (seit ihrem wievielten Lebensjahr) besitzt Cornelia ihre Katze?
2. „Als sie aufwacht, ist das Bett neben ihr leer." Was ist passiert? Sprechen Sie mit Ihrem Kursnachbarn/Ihrer Kursnachbarin darüber.

Kapitel 2

Ü2   Wer sagt was? Kreuzen Sie an.

	Cornelia	Hartmut	Susanne
1. Ich bringe das Geld zur Bank.	❑	❑	❑
2. Warte, Cornelia, ich muss mit dir reden.	❑	❑	❑
3. Ich möchte nach Hause, Thorsten kommt zu mir.	❑	❑	❑
4. Du weißt, dass Thorsten unzuverlässig ist.	❑	❑	❑
5. Er ist der beste Konditor in der Firma.	❑	❑	❑
6. Hartmut hat Recht.	❑	❑	❑
7. Thorsten ist nicht der richtige Mann für dich.	❑	❑	❑
8. Ich setze Thorsten als meinen Alleinerben ein.	❑	❑	❑

9. Das ist eine Katastrophe. ❏ ❏ ❏
10. Das kann sie nicht tun. ❏ ❏ ❏
11. Lass uns hoch in die ❏ ❏ ❏
    Wohnung gehen.

Kapitel 3

Ü 3   Bringen Sie die Sätze in die richtige Reihenfolge.
a. Jetzt setz dich hin, du machst mich ganz nervös.
b. Alles wird gut, Hartmut.
c. Da soll man sich nicht aufregen. Meine Schwester kommt nicht zur Arbeit und ans Telefon geht sie auch nicht.
d. Hast du schon in ihrer Wohnung nachgeschaut?
e. Nichts. Niemand hebt ab.
f. Schließlich gehören ihr zwei Drittel des Geschäftes und des Wohnhauses.
g. Vielleicht hat sie sich nicht wohl gefühlt und ist zum Arzt gegangen?
h. Ja, ich habe kurz reingeschaut, da war sie nicht.
i. Nein, ich versuche es noch ein letztes Mal bei Cornelia.
j. Jetzt verstehe ich einiges. Cornelia will uns klar machen, wer in der Konditorei das Sagen hat.

1	2	3	4	5	6	7	8	9	10

Kapitel 4

Ü 4 Kreuzen Sie die richtigen Antworten an.
1. Wann ruft Hartmut Sonnenschein den Privatdetektiv an?
   a ❑ am frühen Morgen   b ❑ am späten Abend
   c ❑ nachmittags   d ❑ vormittags

2. Thorsten Herrlich arbeitet wieder. Wie lange fehlte er?
   a ❑ einen Tag   b ❑ eine Woche
   c ❑ zwei Tage   d ❑ drei Tage

3. Seit wann ist laut Hartmut Sonnenschein seine Schwester verschwunden?
   a ❑ seit Samstag   b ❑ seit Sonntag
   c ❑ seit Montag   d ❑ seit Dienstag

4. Welche Informationen findet Patrick Reich in Cornelias Computer?
   a ❑ eine Buchung   b ❑ eine Verabredung mit Heike
   c ❑ eine Mail von Thorsten   d ❑ eine Mail von ihrer Bank

5. Hartmut Sonnenschein möchte, dass Patrick Reich
   a ❑ sich mit Thorsten Herrlich beschäftigt.   b ❑ ins Reisebüro geht.
   c ❑ Heike anruft.   d ❑ Cornelias Wohnung durchsucht.

Kapitel 5

Ü 5 Unser Drucker hat keine Tinte mehr. Vervollständigen Sie den Text.

Patrick be… die ger… Dreizimmerwohnung. Der Du…t eines stark… Parfums empf… ihn. Auf dem Weg in d… Kü… kom… ihm die Katze ent…en. Sie mi… laut. Patrick öf… den Küh… . Er ist vo… mit Le…eln. Das große Be… im Sch… ist un…lich. Ein Pyjama li… auf dem Boden.

Die Sch… des kleinen Schreibtischs ist nicht ver… . Neu… holt Patrick Unter… heraus. Er blä… sie durch.

Patrick ist mit den Erg… der Wohnungsuntersuchung z…fr… .

Kapitel 6

Ü 6 Was passt zusammen?

1. weiter   a. schein
2. gleich   b. sehen
3. weg   c. zeitig
4. Privat   d. fahren
5. Augen   e. blick
6. ein   f. vertrag
7. Ehe   g. helfen
8. Don   h. detektiv
9. Termin   i. Quijote
10. Sonnen   j. kalender

Kapitel 7–8

Ü 7 Finden Sie in dem Chaos die Sätze wieder, die sich auf Patrick Reich und Thorsten Herrlich beziehen.

d	a	s	d	t	g	e	s	p	r	a	e	c	h	a	b	m	i	t	c	c	o	n
s	t	a	n	z	e	e	d	e	m	a	c	h	t	f	g	u	h	i	p	a	t	r
i	c	k	g	u	k	s	e	h	r	l	m	n	a	c	h	d	e	n	k	l	i	c
h	o	p	a	t	r	i	c	k	p	f	i	n	d	e	t	v	w	d	a	s	s	x
l	z	t	h	o	r	s	t	e	n	o	n	a	g	g	r	e	s	s	i	v	o	r
e	a	g	i	e	r	t	f	t	d	i	e	f	r	a	g	e	n	b	r	i	n	g
e	n	v	o	t	h	o	r	s	t	e	n	m	k	a	k	o	i	n	s	d	s	c
h	w	i	t	z	e	n	x	y	e	r	w	i	l	l	s	a	u	f	t	z	u	g
d	i	e	f	r	a	g	e	n	s	c	n	i	c	h	t	h	u	r	a	n	t	w
o	r	t	e	n	b	a	p	a	t	r	i	c	k	d	f	w	e	i	s	s	a	n
i	c	h	t	b	c	d	m	e	h	r	u	v	g	e	n	a	u	y	o	b	f	e
r	o	z	u	m	o	d	i	e	f	g	r	i	c	h	t	i	g	e	u	p	e	r
s	o	n	d	t	o	n	v	e	r	d	a	e	c	h	t	i	g	t	t	y	x	z

Kapitel 9

Ü 8 Haben Sie das im Text gelesen?

	Ja	Nein
1. Patrick Reich bittet Hartmut Sonnenschein, die Kellertür aufzuschließen.	❏	❏
2. Der Privatdetektiv nimmt den Duft eines Parfums wahr.	❏	❏
3. Auf dem Boden des Kellers liegt eine Hose.	❏	❏
4. Kriminalhauptkommissar Tauber macht eine furchtbare Entdeckung.	❏	❏

5. In einem Schrank finden sie Cornelia ❏ ❏
Sonnenschein.
6. Cornelia Sonnenschein wurde getötet. ❏ ❏
7. Vor dem Haus steht ein schwarzes ❏ ❏
Auto.

Kapitel 10–11

Ü 9   Stimmt das? Begründen Sie Ihre Antworten.

	richtig	falsch
1. Thorsten Herrlich betritt mit seinem Anwalt das Büro von Richard Tauber.	❏	❏
2. Thorsten freut sich auf die Hochzeit, die im August stattfinden soll.	❏	❏
3. Cornelia Sonnenschein hat ihrem Geliebten viel Geld gegeben.	❏	❏
4. Für seine Abwesenheit in der Konditorei am 16. und 17. Mai hat Thorsten eine Erklärung.	❏	❏
5. Thorsten Herrlich hat keine Ahnung, warum er ein Alibi benötigt.	❏	❏
6. Thorsten Herrlich wird verhaftet.	❏	❏
7. Hartmut Sonnenschein hatte nie Schwierigkeiten mit seiner Schwester.	❏	❏
8. Richard Tauber und Patrick Reich sind über den Inhalt des Autopsieberichts sehr überrascht.	❏	❏
9. Susanne Sonnenschein erzählt in ruhigem Ton, warum sie ihre Schwägerin getötet hat.	❏	❏

Kapitel 1–12

Ü 10 Tragen Sie die Antworten in die Kästchen ein.
1. Wie heißt das letzte Wort des Krimis, den Constanze liest?
2. Welchen Vertrag hat Heike geschlossen?
3. In welchem familiären Verhältnis steht Cornelia zu Hartmut?
4. Wo wird die Leiche gefunden?
5. Was macht Cornelia, nachdem die Angestellten das Geschäft verlassen haben?
6. Wie heißt die spanische Lieblingsinsel von deutschen Touristen?
7. Was entdeckt Richard Tauber im rechten Arm von Cornelia?
8. Wie viele Jahre ist Thorsten jünger als seine Geliebte?
9. Wie klingt die Stimme des Kriminalhauptkommissars, als er von Cornelias Schwangerschaft spricht?

Lösungswort

1	2	3	4	5	6	7	8	9

LÖSUNGEN

Kapitel 1
Ü1 1. Seit ihrem 24. Lebensjahr.
    2. individuelle Antworten

Kapitel 2
Ü2 Cornelia: 1, 3, 5, 8
    Hartmut: 2, 4, 11
    Susanne: 6, 7, 9, 10

Kapitel 3
Ü3

1	2	3	4	5	6	7	8	9	10
a	c	g	d	h	i	e	j	f	b

Kapitel 4
Ü4 1d – 2c – 3b – 4a, b – 5a

Kapitel 5
Ü5 betritt, geräumige, Duft, starken, empfängt, die Küche, kommt, entgegen, miaut, öffnet, Kühlschrank, voll, Lebensmitteln, Bett, Schlafzimmer, unordentlich, liegt, Schublade, verschlossen, Neugierig, Unterlagen, blättert, Ergebnissen, zufrieden.

Kapitel 6
Ü6 1g – 2c – 3d – 4h – 5e – 6b – 7f – 8i – 9j – 10a

Kapitel 7–8
Ü7 Das Gespräch mit Constanze macht Patrick sehr nachdenklich. Patrick findet, dass Thorsten aggressiv reagiert. Die Fragen bringen Thorsten ins Schwitzen. Er will auf die Fragen nicht antworten. Patrick weiß nicht mehr genau, ob er die richtige Person verdächtigt.

Kapitel 9
Ü8 Ja: 1, 2, 4, 6, 7
    Nein: 3, 5

Kapitel 10–11
Ü9 Richtig: 2, 3, 5, 8
    Falsch: 1, 4, 6, 7, 9

Kapitel 1–12
Ü10 1 TOD
     2 EHEVERTRAG
     3 SCHWESTER
     4 TIEFKUEHLTRUHE
     5 ABRECHNUNG
     6 MALLORCA
     7 EINSTICHE
     8 NEUN
     9 TRAURIG

Lösungswort: TESTAMENT

Track	Titel
1	Nutzerhinweise, Copyright
2	Vorwort
3	Kapitel 1
4	Kapitel 2
5	Kapitel 3
6	Kapitel 4
7	Kapitel 5
8	Kapitel 6
9	Kapitel 7
10	Kapitel 8
11	Kapitel 9
12	Kapitel 10
13	Kapitel 11
14	Kapitel 12

TÖDLICHES TESTAMENT
EIN FALL FÜR PATRICK REICH

Gelesen von Noémi Besedes

Regie: Kerstin Reisz
　　　　Christian Schmitz
Toningenieur: Pascal Thinius
Tonstudio: Clarity Studio Berlin